成长的要素

关心你的人

[美] 帕米拉·埃斯普兰德　[美] 伊丽莎白·弗迪克　著

汪小英　译

河北出版传媒集团　河北少年儿童出版社

前　言

要是有一些方法，教人怎样过上幸福生活，你想不想试一试？

现在你可能已经跃跃欲试了吧？那么这个系列就是为你而准备的。这套书一共八本，名字叫作《成长的要素》。

成长的要素到底指的是什么？

成长要素是你在成长中需要的、对自己的生活有用的东西。这些要素并不是汽车、房子、珠宝等用金钱来衡量的东西。我们说的这些要素，能让你做到最好，成为更好的自己。这些要素既可以是外界的因素，也可以是内在的因素，既可以是其乐融融的家庭环境、治安稳定的住所，也可以是你正直诚实的品格、对学业的信心和计划。

这类要素一共有三十九种。这本书讲的是其中六种，我们把这六种要素统称为支持要素。英国诗人约翰·多恩曾写道："没有人是一座孤岛，可以自全。每个人都是大陆的一片，

支持要素	
名称	解释
家庭支持	在家中，家人支持你、爱你。
积极的家庭交流	你能和父母轻松愉悦地交谈，会自然而然地征求他们的意见。
其他成年人的支持	家长以外的成年人会帮助你，支持你。
邻里关怀	你的邻居认识你、关心你。
校园关爱	在学校，你与老师、同学相处融洽，常常彼此关心，彼此鼓励。
家长参与学校活动	父母积极参与学校活动，帮助你取得好成绩。

整体的一部分。"同样，你也不是一座孤岛，你的身边总会有爱你、关心你、赞赏你、接纳你的人。你在家里时，你感到自己被爸爸妈妈、爷爷奶奶、兄弟姐妹爱着，他们会时刻帮助你、扶持你；你在学校时，会得到老师的关心和鼓励，同学之间也会相互帮助；你在与人交往时，会感受到来自亲朋好友的关心和友爱。因为有了支持要素，你会有安全感、获得帮助和受欢迎。

这套书其余的七本，讲了另外三十三种要素。三十三种要素不算少，你不用一下子就都了解，也不必按固定的顺序来掌握。不过，越早掌握，你的收获就越大。

这些要素为什么很重要?

美国有一家叫作"探索研究院"的机构对几十万美国青少年进行了深入的跟踪调查。研究者发现:有些孩子成长得非常顺利,有些则不然;有些孩子成了"坏男孩""问题少女",有些却没有。

是什么原因让他们如此不同呢?原来,是这些成长要素!具备这些要素的孩子就可能成功,不具备这些要素的孩子往往很难获得成功。

你也许会觉得:我还是个孩子,非要学会这些要素不可吗?孩子也有选择的权利。你可以选择被动地让别人来帮你,

也可以选择主动地采取行动，或者寻找关心你、愿意帮助你的人，帮助你获得这些要素。

　　这本书里有很多地方需要你与他人配合。这些人除了爸爸妈妈、兄弟姐妹、爷爷奶奶等与你亲近的人，还包括与你同龄的同学、朋友和邻居，除此之外还有老师和辅导员等成年人。他们都会乐于帮助你，和你一起努力，争取让你早日获得这些要素。

　　很可能已经有人在帮助你了，比如，你拿到的这本书就是他们给的吧？

如何阅读本书

　　选择一种要素开始读，从某个章节开始的故事读起，一直看到结尾，这些故事解释了日常生活里的成长要素是什么。随便选一种要素，试着做一做，看看效果如何。读完一章，再选一章接着往下读。

你不必要求完美，做得和书中一丝不差。你要明白，你是在迎接新的挑战，在做一件了不起的事情！

你获得的要素越多，你对自己就越感到满意，越感到有信心。眼看你就不再是个孩子，要进入青少年阶段了。学会了这些要素，你感到很有把握，不气馁，你会做出更好的选择。你已经航行在一片充满挑战的大海上。

翻开这本书，你已经踏上探索学习这些要素的路，我们祝你一路顺风！

帕米拉·埃斯普兰德

伊丽莎白·弗迪克

家庭支持

在家中，家人支持你、爱你。

比赛之夜（上）

"孩子们，意大利面做好了。今晚有大赛，所以我们要早点儿吃饭。"餐厅里传来妈妈的声音。

山姆的小妹妹林赛跳起来大叫："意大利面！太棒了！今晚有我最喜欢的饭菜和我最爱的哥哥的比赛！哥哥，快来吧！"可山姆还是目不转睛地盯着电视。

"山姆，开饭了，快过来！时间不多了，

一小时后我们就得到学校体育馆。"

山姆仍旧盯着电视，回答道："妈妈，今晚只要开车送我到体育馆就行了，你们不用待到比赛结束，我搭教练的车回家。"

这时，爸爸回来了。他一进门就喊道："今天我特意请了假，早点儿回来，好给山姆的黑豹队助威。"

山姆起身吼道："什么意思？你是不是想看我出丑？"

爸爸问道："这是什么话！出什么事了？"

林赛双手叉腰，说道："哥哥生气是因为黑豹队一直在输，同学们都叫他们队'倒数第一'。"

"闭嘴，你这个白痴！"山姆嚷道，把喝完的饮料盒扔出去老远。

"啪"的一声，电视机被关掉了。山姆回头看见妈妈手握遥控器，一脸怒容。她努力保持平静，说："开会，到饭桌上来，快点儿。"

山姆有家庭支持这个要素，尽管有时他觉得自己不需要。

现在想想你的生活，你感觉到家人的爱与支持了吗？

如果回答是肯定的，那么你具备家庭支持

这一要素。请你继续读下去，学习如何巩固这种要素，把它发扬光大。

如果回答是否定的，也请你继续读下去，学习如何获得这种能力。

你也可以用这些方法来帮助他人获得这种能力，比如你的家人、朋友、邻居和学校里的同学。

> **你知道吗？** >>>
>
> 拥有家庭支持的孩子
>
> · 有更强的自信心
>
> · 更容易交到朋友
>
> · 不易与人争吵、打架

◀ 如何获得这种要素 ▶

在 家 里

让家庭时间更充实

你们全家人经常在一起做家务或看电视吗？在有的家庭，一家人除了在一起吃饭、做家务、看电视之外，就没有别的交集了。和家人一起让家庭时间"优质"起来怎么样？哪怕是十五分钟也好。你们可以一起玩纸牌或下棋，亲手做点心，谈论你的一天、你的梦想、你喜欢的和不喜欢做的事情，讲讲笑话，翻翻家庭相册，朗读喜欢的书。你还有什么更好的想法吗？

充实家庭时间的四个建议

1. 吃晚饭时关掉电视。

2. 早起二十分钟，全家一起吃早饭。

3. 和家人在同一个房间里时，摘掉耳机，放下手机游戏，陪家人聊聊天。

4. 和家人一起去散步。你们可以到街区、公园、超市，随便哪儿都行。一天一次或一周两次，只要时间允许。

多说"我爱你"

在西方国家，亲人之间说"我爱你"就像家常便饭。在我国，不少人觉得说出这三个字有点儿难。也许你可以培养一种新习惯，在家多说"我爱你"。如果你觉得当面说有些怪怪的，那就写纸条或者发邮件。假如还是觉得难以启齿，那就试试找到别的方式表达。其实，有许多话是"我爱你"的同义词，有许许多多的方式可以说出你的关心，比如"你真好！""你是最棒的！""我想你了。""我很关心你。"

拥抱彼此

肢体接触是表达爱与支持的最好方式——牵手、拥抱、亲吻……但是，如果你的家人不习惯这样的表达，那该怎么办？不妨从一些亲昵的小动作开始。比如，和妈妈一起坐在沙发上的时候，伸手搂着她；散步的时候，拉着爸爸的手；在出门前，拥抱一下兄弟姐妹。

小提示：

如果你的爸爸妈妈喜欢拥抱你、亲吻你，而且当着你朋友的面也这样做，可是你觉得难为情，你可以直接说出来，但口气一定要温和。你可以说："妈妈，能不能别在校门口亲我？""能不能别在逛街时抱我？"你的父母会理解你的。但是在私底下，你要经常给予他们爱的拥抱！

表示支持

如果你看见家人在做饭、打扫或者整理房间，要主动去帮忙，别等着别人叫你时，再去

帮忙。如果看到家里有人伤心难过，问他们要不要聊一聊。在他们倾诉时，你要认真倾听，不要走神。如果你发现妹妹被数学作业难住了，你别着急跑去朋友家玩，先试着帮妹妹解答一下。

表示感谢

帮了别人忙的时候，人们希望得到对方的感谢，尽管他不会把这个想法说出口。下次，当家人给予你支持、表达爱你时，你要向他们表示感谢。比如："妈妈，谢谢你辅导我完成作业，没有你，我一个人可完成不了。""奶奶，我喜欢放学后到您家玩儿。您总是给我饼干吃，您真是好奶奶！"

表明心声

有时候，爸爸妈妈可能没有读懂你的心思，所以，你有必要直接告诉他们你的需求。这可不是在说要你缠着他们给你买一双新的运动鞋，而是要你请他们在某些方面支持你。比如："爸爸，你下班回家后，可以多陪陪我吗？我知道你已经忙了一整天，但我真想和你多待

会儿。""妈妈，我有个问题。今晚可以和你谈谈吗？"如果你不好意思说，可以给他们写个便条。

悄悄话

如果你家里的气氛总是冷冰冰的，该怎么办？如果你觉得你的心事没法跟爸爸妈妈讲，该怎么办？

试着找到你信任的其他成年人谈谈。可以是老师、辅导员、邻居、好朋友的爸爸妈妈，等等。也许这个人能帮你想出与父母交谈的办法，能提供给你在家中得不到的支持。

关注学校里的家庭活动

当学校举办需要家长参与的活动，要记得告诉你的家人。让家长多参加学校举办的家庭活动，比如家长会、亲子运动会、亲子阅读会等等。要提前让你的爸爸妈妈知道这些活动的时间，以便于他们安排好时间，抽空前往。

在 社 区

留意社区里的家庭活动

多翻阅本地报纸。和父母外出时，看看社区活动中心、图书馆的告示栏，留意上面有没有可以全家一起参加的活动，比如露天音乐会、徒步大赛、动物园或者博物馆的亲子互动活动、图书馆的朗读会等等。

和朋友在一起

向朋友提起家人

和朋友讲一讲自己在哪些方面感受到家人的爱与支持。爸爸妈妈最近做的哪些事让你有被家庭支持的感觉？可能是件大事，比如妈妈特意请了假，好去观看你的合唱比赛。也可能是件小事，比如，爸爸往你的书包里塞了张字条："祝你考试顺利！"

从上面讲过的方法中至少选一种，试一试，然后回想一下，或把过程写下来。为了让你的家庭中有更多的爱和支持，要不要接着再试一种方法？

比赛之夜（下）

山姆全家围坐在桌旁。林赛自己先盛了满满一大盘意大利面，气得山姆直瞪她。

林赛不服气地说："瞪我干什么？我饿坏了！"

爸爸转向山姆，心平气和地问："山姆，今天是怎么回事？"

"爸爸，到现在，黑豹队一连输了八场比赛，还都是在初赛就输掉的！我根本不是打篮球的料！你们别再来看比赛了，不要再看到我们惨兮兮的样子！"

妈妈说："你们没有失败，只不过是运气不太好。"

山姆嘟哝道："有什么区别吗？"

爸爸说："听着，山姆，今晚无论如何我们都会为你捧场，因为你是我们的儿子，是林赛的哥哥。"

林赛满嘴都是意大利面，也插嘴说："是啊，哥哥，我们是你的家人，就算你打得再糟糕，我们也会支持你的！"

山姆勉强笑了笑："好吧，好吧，你们去吧。就算我们是黑豹队史上最烂的球员也无所谓了。"说完，他就开吃。

一时半会儿，没人说话，大家埋头吃饭。吃得差不多时，山姆突然说道："谢谢大家的支持。"这是他的真心话。

爸爸笑了，问："猜猜我今天买了什么？"他举起一个泡沫橡胶做的大手掌，上面印着大大的数字"1"，"你们觉得怎样？是不是有点儿夸张？"

妈妈不由得说："太夸张了。不过，为了提高黑豹队的士气，再夸张也值得！"

积极的家庭交流

你能和父母轻松愉悦地交谈，会自然而然地征求他们的意见。

多面手妈妈（上）

洁德的妈妈自称为"多面手"，还自夸自己有"三头六臂"。她可以一边打电话，一边叠床单；一边看电视新闻，一边催洁德赶紧做功课。

尽管妈妈这么叫自己是在开玩笑，洁德却笑不出来。洁德觉得妈妈似乎从不关心她，妈妈的时间都用在了工作、做家务、督促她做功课上。

杰德想向姐姐倾诉，可是姐姐只是朝妈妈看了看，无奈地说："妈妈很忙，你要习惯！"

但洁德不这样想。她想要的是一个可以交谈、亲密无比的妈妈。

洁德认为她的家庭缺乏积极的家庭交流。

想想你在生活中，你觉得和父母（或家里的别的亲人）能够经常愉快地交谈吗？你遇到问题时，会时常向他们征求意见吗？

如果回答是肯定的，那么你具备积极地家庭交流这一要素。请你继续读下去，学习如何

巩固这种要
素，把它发
扬光大。

如果回
答是否定的，
也请你继续读下去，学习如何获得这种能力。

你也可以用这些方法来帮助他人获得这种
能力，比如你的家人、朋友、邻居和学校里的
同学。

◀ 如何获得这种要素 ▶

在 家 里

经常沟通

你的爸爸妈妈每天总是问你相同的问题
吗？比如："今天在学校里过得怎样？""今

天学了哪些知识？"你要尝试给出不同的回答，不要一律回答"挺好的"或"教了几篇课文"，或毫无反应。爸爸妈妈想知道在他们没有陪着你的这段时间里，你在学校是不是一切都好。多跟他们讲讲学校的趣事或者最近让你烦恼的事情。跟他们多沟通会让你们之间的关系更加

亲密。另外，你不妨也问问他们这一天过得怎么样。

别忘了父母也曾是孩子

你可能很难想象，爸爸妈妈也曾经像你那么大，也有过天真无邪的童年。而且，在你来到这个世界之前，他们还是朝气蓬勃的青年，

也有自己的生活。你可以问问爸爸妈妈小时候是怎样的。他们那时喜欢做什么？有什么兴趣爱好？都有哪些朋友？请他们给你讲一讲他们最喜欢的老师和最喜欢的宠物。翻翻爸爸妈妈的老照片，你可能会发现一些很有趣的事情。

小提示：

如果你的爸爸妈妈经常不在家。如果你渴望倾诉的时候，他们却不在身边。这时可以去找你信任的其他大人。别把你的问题和感受闷在心里。只要你多沟通，就会有人能帮到你！

和父母交谈的四个建议

1. 选择合适的时机。如果爸爸妈妈在忙、在休息或者情绪不佳，就再等等。如果你不确定什么时候合适，你不妨问问他们什么时候可以谈一谈。

2. 不要大呼小叫、无理取闹、拍桌瞪眼、言语粗俗、翻白眼儿、指手画脚等。你的声音、用词和肢体语言都要显出对父母的尊重。

3. 和爸爸妈妈说话时，要看着他们，不要盯着地面或望着窗外。目光接触有助你们之间更好沟通。

4. 交谈结束时别忘记说"谢谢"，让大家心情愉快。

兄弟姐妹间友爱互助

当哥哥姐姐真幸福！因为你是弟弟妹妹的眼中的好榜样。弟弟妹妹总是会把你当成最厉害的人，羡慕你书读得多，画画得好；你可以把自己学到的东西教给他们。当弟弟妹妹也很幸福！因为比你年长的哥哥姐姐会照顾你、关心你。当你需要建议或帮助，可以去找哥哥姐姐，看看他们是否曾经遇到过同样的问题。兄弟姐妹之间互相帮助越多、交流越多，关系就会越亲密。当有一天你们长大，父母老去，无法再照顾你时，兄弟姐妹可能就是你在这个世界上最坚实的依靠。

小提示：

如果你和兄弟姐妹常常闹矛盾、抢东西甚至打架，你需要和家长谈谈。

悄 悄 话

　　不是所有的孩子都有兄弟姐妹，现在独生子女也不少。如果你是家里唯一的孩子，你就不用和兄弟姐妹共用房间，父母会把所有的爱都倾注在你身上。但另一方面，你可能也想要同龄人的陪伴。你可以试着去找一找你的堂兄弟姐妹、表兄弟姐妹。你愿意把堂哥、堂姐当成你的亲哥哥、亲姐姐吗？你愿意全力帮助你的表弟表妹吗？

换位思考

　　有时家人之间也会争吵，这是在所难免的。一旦吵起来，你可能会固执己见、一意孤行，对其他人的意见或建议闭目塞听。你一心一意想说服对方，证明自己是对的。在这样的情况

下，你应当停止大吵大叫，让自己冷静下来。想想对方的处境，想想对方的话是否在理。如果你觉得自己有做得不对的地方，就大方承认："好吧，也许你是对的。"这是和解的好办法。

在 学 校

建立个人档案

找一个文件夹或者活页夹，建立一份个人档案，每周或每个月带回家给爸爸妈妈看。你可以把你完成了的作业、你的考试试卷、你画的画放进这份档案里。给他们讲一讲你在各方面的进展，让他们了解你在学校的生活和学习情况。

在社区

注意形象

在公共场所，一家人之间也要彬彬有礼、注意形象。不要大喊大叫、噘嘴、翻白眼、摔东西，不要在街上生气时扭头就走。搭乘公交、地铁时，不要让你的弟弟妹妹跑来跑去、踩踏座椅。如果家人有什么做得不对的地方，你要小声提醒他们。

和朋友在一起

多留意

下次你到朋友家，可以留意一下你朋友的家人之间是怎么交流的。你的朋友怎么和他的家长说话？朋友的家长会和孩子聊什么？他们彼此的关系是亲近还是疏远？你能从中学到些什么？不妨把你的观察和感受写进日记里。

从上面的方法中选一种方法尝试一下，然后回想，或者把过程写下来。为了促进你和家人的交流，要不要再试一试其他办法？

多面手妈妈（下）

洁德鼓起勇气想跟妈妈谈一谈她的感受。此时，她看到妈妈坐在沙发上休息，心情似乎不错，手上没有同时做着好几件事。洁德觉得这是个好时机。

她说："妈妈，我们可以谈谈吗？"

妈妈回答道："当然可以。到厨房来吧，我一边洗碗，一边听。"

洁德皱起了眉头："等一下，妈妈，这就是我想谈的问题。我希望我们能专心谈话，不要总是在听我说话的同时还忙着别的事情。妈妈，为什么你老是那么忙！你就不能坐在沙发上，跟我们姐妹俩聊聊天吗？"

妈妈回答道："洁德，你知道我得工作

养家。你们姐妹也帮不上太多忙。什么家务活都是我一个人干，你不觉得吗？"

洁德突然想明白了。她没有生气，也没有被妈妈的话刺伤，她走过去拥抱了妈妈。她想："我想让妈妈关心我，可是我也要关心她啊。"

洁德说："妈妈，我们一起去洗碗吧！这样很快就能洗好。"

妈妈望着她说："洁德，我做的也不对，碗不急着洗，咱们先坐下。我先听你说说你的事情，然后你再帮我洗碗，好吗？"

洁德笑了，说："好的，谢谢妈妈！"

其他成年人的支持

家长以外的成年人会帮助你、支持你。

艾丽的苦恼（上）

马特的爷爷奶奶家离他家不远，只隔了几个街区。他的两个叔叔婶婶，还有一群堂兄弟姐妹，也跟他住在同一个城市。

每逢周末，一大家人就会聚到爷爷奶奶家吃饭。如果马特的妈妈爸爸有事，不能开车送他去打篮球，总会有其他亲人乐意送他去。他遇到数学难题，就会给希拉婶婶打电话求助。希拉阿姨是个高材生，十分乐于为他解答难题。

可是，马特这几天忧心忡忡，因为他的好朋友艾丽在家里过得不开心。艾丽每天到学校都没精打采。有一天，艾丽告诉马特，她没有办法完成作业，因为她的爸爸妈妈在家里总是吵得不可开交。

马特问艾丽："有没有其他亲戚能帮你解决问题？"

艾丽摇摇头。

马特说:"那你放学后来我家,和我爸爸谈谈好吗?他的工作就是帮助遇到问题的孩子。况且,你需要向人倾诉,他是个非常好的倾听者。"

马特有其他成年人的支持,而艾丽却没有。

想一想,你在生活中,除了父母之外,还有其他成年人给予过你鼓励和支持吗?

如果回答是肯定的,那么你具备其他成年人的支持这一要素。请你继续读下去,学习如何巩固这种要素,把它

你知道吗? >>>

有其他成年人的支持的孩子

· 自我感觉更好

· 较少出现不良行为

· 不易和品行不端的孩子交往

发扬光大。

如果回答是否定的，也请你继续读下去，学习如何获得这种能力。

你也可以用这些方法来帮助他人获得这种能力，比如你的家人、朋友、邻居和学校里的同学。

◀ 如何获得这种要素 ▶

在家里

保持联系

你有通讯录吗？如果没有，你可以买一本笔记本，自己动手做一个通讯录。在通讯录中写下你生活中重要的人的姓名、地址、电话号码、电子邮箱和生日。想一想，哪些成年人经常给予你支持和鼓励？你可以经常给他们写信、寄贺卡、发节日祝福短信或打电话。

表示感谢

列出你敬重的成年人的名单。他们可以是你的老师、你朋友的家长、兴趣班的老师……还

小提示：

大人都喜欢收到孩子手写的字条和贺卡。你写的东西可能会被他们精心收藏起来哦。

有谁呢？名单列好，就每周圈出一个名字。在

接下来的一周，做一件向他表示感谢的事情。

比如，给一位老师写纸条说，你很喜欢上他的课；当面感谢好朋友的爸爸或妈妈，谢谢他们请你吃晚饭。下一次，再圈出其他人的名字。你还可以不断地在名单里添加新的名字，与他们保持联系。

悄 悄 话

你家可能和亲戚家离得很远，他们也许住在别的城市，甚至定居在国外。也许除了你的直系亲属，你一个亲戚都没有联系过。没关系，亲戚并不是你生活中唯一的成年人。你的爸爸妈妈有没有像家人一样亲密，甚至比家人还亲密的朋友？试着去认识他们吧。

倾诉心声

也许你身边常有几位信任你、了解你的成年人。可是，你们之间的谈话是否只停留在表面？平时，你跟他们说自己喜欢数学，生日得到了一副新滑板。但是你有没有提到你这周跟好友大吵了一架？有没有提起你喜欢上了住在街对面的男孩？你大概以为大人不会明白你的心事。其实他们懂得的。因为他们曾经也跟好友吵过架，也曾喜欢过某个男生或女生。不妨给他们一个倾听你心声的机会吧。

在 学 校

与老师保持联系

加入你喜欢的兴趣班或俱乐部，结识那里的指导老师或教练，请他们多多指点你、帮助

你。假如你不再上兴趣班了，或者换了班级，

升入高年级了，也要和以前的老师保持联系。

如果你转学了，也可以和之前的老师通过电话、

短信或其他方式保持联系。

认识邻居

你是不是觉得邻居就是隔壁家跟你一起玩的孩子？别忘了，大人也是你的邻居。请你的家长给你介绍认识隔壁家的大人。之后，当你看见他们在外面种花、扫地、遛狗的时候，记得冲他们微笑、打招呼。邻居来你家做客或者找你爸爸妈妈，你不要只是含糊地说句"你好"就跑掉或躲起来，你可以留下来多陪他们聊一会儿。

参加聚会

参加聚会也是结识其他成年人的好机会。这时候，别总是

小提示：

聚会是认识良师益友的好地方。

和同龄人一起玩，找一两个值得信任的大人说说话吧！或者和熟识的大人说说话，请他们把别的值得信任的大人介绍给你认识。

和朋友在一起

邀请朋友的家长

下次再请朋友来家里吃晚饭，也可以试着邀请上朋友的家长。你可能会发现，你某个朋友的妈妈跟你的妈妈仿佛就是从一个模子刻出来的，某个朋友的爸爸性格和你爸爸的性格完全不同。通过认识朋友的父母，你们会对彼此有更深的了解。

从前面讲过的方法中选一种试一试，然后回想一下，或者把过程写下来。你要不要再试试其他的方法，让自己再了解一位大人，增加对他的信任？

艾丽的苦恼（下）

马特把艾丽带回家，请自己的爸爸和她谈一谈。艾丽说，她父母总是吵架，还闹离婚。

马特的爸爸听艾丽说完，认真说道："要不我们列一个名单吧，你身边都有哪些你认识和信任的大人？"

艾丽说："很可惜，一个也没有。"

马特的爸爸说："那老师呢？你有没有参

加学校的运动队，有没有可以谈心的教练？"

艾丽说，自己很喜欢班主任老师，而且她的足球教练也曾经说，队员只要有事，随时可以去办公室找他。

"好极了！"马特的爸爸说，"把他们的名字写下来。"他把纸笔递给艾丽，"现在再想想，你有跟你关系比较亲近的亲戚吗？"艾丽说，她和她爷爷一直通过写信联系，她喜欢

的表姐在外地读大学，表姐常常会给她打电话。

艾丽的名单上已经有四个名字了。很快，艾丽就发现自己可以求助的大人还有好多：玛丽姑姑、心理辅导员、住在隔壁的古特曼太太……马特的爸爸笑着说："艾丽，可别忘了加上我！"

邻里关怀

你的邻居认识你、关心你。

思乡之情（上）

鲁西亚从自己从小长大的小镇搬到了城市里，现在她十分想念原来的地方。镇上的大街小巷她都熟悉，大家也彼此认识，孩子们从小就在同一所学校上学，大人们叫得出每个孩子的名字。

鲁西亚打小就跟着阿瓦利兹阿姨。从她记事起，就是这位阿姨在照顾她。她放了学直接去阿瓦利兹阿姨家里，在那儿做功课。父母下

班后，会来接她回家。

现在，鲁西亚来到了一个高楼林立的城市，住在一栋公寓的新家里，她谁也不认识。在以前，她一到屋外，马上就能遇到陪她玩的小伙伴，可是现在却一个认识的人都没有。在以前，她总能去谁家的院子里丢沙包或是踢球。那里的孩子从来不用担心走丢，左邻右舍总会帮着

照看他们。如果有孩子骑车摔着了，马上就有人跑出来帮忙。

鲁西亚望着窗外的高楼，不禁叹了口气。这儿的一切都那么陌生。即使在自己家里，在她自己的房间里，她也觉得不自在。她不知道还能不能找回家的感觉。

鲁西亚曾经有邻里关怀这个要素，她现在却感到若有所失。

现在想一想你的生活。你的邻居跟你熟识吗？他们关心你吗？

如果回答是肯定的，那么你具备邻里关怀这一要素，请你继续读下去，学习如何巩固这种要素，把它发扬光大。

如果回答是否定的，也请你继续读下去，学习如何获得这种能力。

你也可以用这些方法来帮助他人获得这种能力，比如你的家人、朋友、邻居和学校里的同学。

你知道吗？>>>

经常被邻居关怀的孩子

· 不会轻易感到孤单

· 能与他人和睦相处

· 学习更好

◀ 如何获得这种要素 ▶

在 家 里

迎接新邻居

你住的地方有没有刚搬进来的邻居？你可以跟着家长去打个招呼，互相认识一下。为了表示你的真诚和礼貌，可以带些自家做的点心。你可以跟新邻居家的孩子握个手。如果你们在同一所学校上学，还可以约好一起去上学。为了让新邻居更好地融入环境，你还可以告诉他们附近哪里有超市，哪里有公园，哪里有医院，哪家餐馆的饭菜最好吃，等等。

画地图

画一张你的家附近的地图，包括大街、公园、商场、医院。你也可以试着画一画你们小

区的平面图，看看小区里一共有几栋楼，几个单元，你认识的邻居住在哪一栋楼。如果你住在平房或者是独栋的楼房里，你可以画出附近的街道和沿街住宅。用一个方框表示一户人家，并写上这家人的名字，还有他们的宠物。想一想，你认识的邻居多吗？努力去认识新邻居吧！

帮助一两位邻居

问问爸爸妈妈谁家需要帮忙。谁家需要买菜？谁家有老人需要有人帮着读报？谁家需要帮着遛狗？还有什么？选一件事去帮助邻居吧。

做一个好邻居

1. 要跟路上遇到的邻居微笑着打招呼。

2. 在家听音乐、看电视时音量不要过高，不要吵到隔壁家。

3. 不可以随手乱丢垃圾。把垃圾丢进垃圾箱，或者带回家。

4. 不要在你家门口或者楼道里堆杂物，也不要把自行车停在楼梯过道或者绿化带里。

5. 如果你去遛狗，要记得及时把便便清理干净。

请邻居来吃饭

问问爸爸妈妈是否愿意邀请邻居来家里吃饭。每个月邀请一家人，也可以邀请两个原来彼此不认识的邻居，介绍他们互相认识。请邻居来家里吃饭不必铺张浪费，做些简单的饭菜就好，这样你也可以帮上忙。

在 学 校

采访邻居

如果有校外采访这类作业，你可以去试着采访一下你的邻居。可以选你或你家已经认识的人，也可以挑一位你想结交的邻居。

要主动

　　主动问问邻居家的孩子叫什么名字，跟他们打招呼时，叫出他们的名字来。当你看见邻居拿着太多东西，或者拉着小推车进门，或者狗狗跑掉了，你要主动上前帮忙。

从以上的方法中选一种试试，回想一下过程，或者把过程写下来。为了使邻里关系更加和睦，你想不想再试试另一种方法？

思乡之情（下）

鲁西亚决定跟爸爸妈妈谈一谈自己的内心感受。

她说："爸爸、妈妈，我很想念原来的家。我想念阿瓦利兹阿姨，她一直照看我。我放学后不喜欢上托管班，我想像从前那样去她家。而且在这儿我一个朋友也没有。"

爸爸妈妈完全懂得她的心思。爸爸说："我们也跟你一样，很想念过去的家。可是，我们总得适应新的环境，把这里当成我们的家。来，我们来想想办法。"

妈妈说："咱们先给以前的邻居报个信，给他们发条消息：'嗨，我们已经搬进了新家，我们十分想念你们，欢迎你们来家里做客！'

还要附上我们在新家的合影。"

爸爸说:"开个'辞旧迎新'的聚会怎么样?把新邻居也请来。让大家知道我们愿意和新邻居交朋友。"

鲁西亚说:"开个烧烤晚会吧!"

爸爸和妈妈同时说:"好主意!"

爸爸又说:"我们可以把离得比较近的邻居先请来。接着请对面楼的几家。"

他们还决定一起挨家挨户去打招呼，对人家说："你好，我们是新搬进来的邻居，有空来我们家坐坐啊。"

鲁西亚觉得打招呼和烧烤晚会都是不错的想法。

她说："说做就做，咱们马上行动吧！"

校园关爱

> 在学校，你与老师、同学相处融洽，常常彼此关心，彼此鼓励。

迎新大使（上）

扎克喜欢上学，他在学校有好多朋友。扎克人缘好，不仅同学喜欢他，老师也喜欢他。扎克对谁都很友好，还能跟刚认识的同学打成一片。扎克的爸爸是学校的体育老师，可能就是因为这个，让他觉得自己与学校联系得更紧密了。

有一天，老师把扎克叫过来。"扎克，我

想让你当我们班的'迎新大使'，好吗？"

"什么？"扎克看着她，丈二和尚摸不着头脑。

老师哈哈一笑，说："明天班上要转来一位女生。我想让你带她熟悉熟悉校园，把她介绍给同学们认识。"

扎克毫不犹豫就同意了。

扎克拥有校园关爱这一要素。

现在想想在生活中，你觉得学校是一个充满关爱的地方吗？

如果回答是肯定的，那么你具备校园关爱这一要素。请你继续读下去，学习如何巩固这种要素，把它发扬光大。

如果回答是否定的，也请你继续读下去，

学习如何获得这种能力。

你也可以用这些方法来帮助他人获得这种能力，比如你的家人、朋友、邻居和学校里的同学。

你知道吗？>>>

在充满关爱的校园里，孩子会

- 更快乐
- 表现更好
- 学习更好，成绩更优秀

如何获得这种要素

在家里

列名单

列个名单，把学校里关心爱护学生的大人的名字写下来。他们是怎样关心和爱护学生的？跟父母谈一谈怎样感谢他们。也许你本人或者你父母可以给每个人发短信、打电话或写

字条。你们可以一起做。

在 学 校

积极参与活动

　　如果老师要你参加学校里的戏剧演出，不要立刻拒绝。如果教练请你加入运动队，那就试着参加一下。如果有人想让你为校报写点儿

东西，不妨写一写试试。尽可能利用学校提供的一切机会。你会觉得自己是学校的一员，与学校关系更近，学校仿佛成了你的另一个"家"。你也会因此认识更多人——不论是学生还是大人。这还会让你拥有其他成人的支持这一要素。

关爱学校

　　不能只是希望学校给予你更多的关爱，你也要学会去关爱学校。你想要成为别人学习和效仿的榜样，应该怎么做呢？就是好好对待你的学校和学校里的人。

关爱学校的六种方式

1. 爱护校园，不在课桌上乱涂乱写，不乱丢垃圾。

2. 记住别人的名字，不管是学生还是老师。在校内、校外遇见他们时要打招呼，不要低头走过去。

3. 友好地对待那些孤独、离群的孩子。

4. 游戏、比赛或是小组作业挑选队友时，不要只跟同一群人组队。

5. 积极参与改善校园生活的活动。

6. 起好模范带头作用，积极参加班里和学校的竞选。

帮助同龄人

　　和你年纪差不多的孩子都是你的同龄人。如果学校组织互助活动，一定要参加。有时，孩子比大人更加细心，更能体察同龄人的心思。身边是不是有同学家里有困难？是不是有同学身体不舒服？是不是有同学被欺负了却不敢说出口？是不是有同学在悄悄抄别人的作业？通过聆听、观察，细心的你可能会发现很多事情，解决很多问题。这样做能让你变得更加细心，也锻炼了你和平解决问题的能力。

提升校园精神

提升校园精神不是要你去当啦啦队队长，用其他方法也可以做到。给校队加油打气固然很重要，不过，校园精神也可以体现在方方面面。想一想怎样用新方法体现校徽、校训、校歌。还可以跟老师或校长分享一下自己创作的校训、校歌或校徽。你也可以向老师提议，发动全校进行校园精神创作大赛。

在 社 区

让邻居认识你的学校

如果你在你家附近上学，应当把学校的事情讲给邻居听。可以把校报带回家，分发给邻居。如果你上学的地方很远，同样可以支持社区的学校。你可以去附近的学校观看演出和音乐会，帮着捡拾校园附近的垃圾。

和朋友在一起

减少抱怨

　　和朋友在一起，不要总是抱怨学校不好，尽量发现好的一面。比如："今天的午饭挺好

吃的！""上学的好处之一是咱们都能见上一面，不是吗？"即使讽刺学校让你很显得很另类，却起不到积极的作用。

从前面讲过的方法中选一种试一试，然后回想一下，或把过程写下来。为了让校园里充满关爱，你想不想再试试另一种方法？

迎新大使（下）

第二天，扎克起了个大早，来到学校，准备迎接新同学。他在班主任办公室等来了安琪。安琪的爸爸把她送进来后就去上班了。她进来的时候有些拘谨。扎克迎上去，说："你好，我是扎克。你是安琪吧？"安琪露出了笑容。

扎克自我介绍说："我是专门迎接你的迎新大使，今天一整天我会陪着你，带你到处看一看，带你认识各个地方，了解一些学校日常的生活情况。我要介绍你认识班里的同学和老师。你以后要是需要帮助，随时可以来找我。"

安琪说："那真是太好了！"扎克发现，此时的她没有刚才那么拘谨了。

安琪的在新学校的第一天很顺利。到了上

午课间休息的时候，她已经交到了三个新朋友，约好要一起吃午饭。一天下来，安琪已经完全不拘谨了，总是乐呵呵的。

扎克想："迎新大使的效果真好，应该在全校推广，而不只是在我们班里。"

他向校长提议在全校办一个"迎新大使小组"，让新来的同学更快地融入校园。

校长说："好啊，可是小组得有个小组长，你愿意当吗？"

扎克说："行啊，可是我还需要一个副手。我想请安琪做我的副手，因为她是新生，最清楚新生的感受。"

校长听了连连点头说："我觉得这个计划可行。"

第二天一早，校长在晨间广播里向全校通

告了这件事。扎克和安琪在课间很快做好了一张报名表，贴在教务处旁边的告示栏里。刚一贴好，就有五六名学生在上面登上了名字想要加入。

家长参与学校活动

父母积极参与学校活动，帮助你取得好成绩。

志愿者妈妈（上）

艾莎第一次请好朋友格瑞丝到她家玩。一下公交车，她们就看到艾莎的妈妈在车站等着她们。

格瑞丝说："阿姨，您好！我在学校看见过您！"

艾莎的妈妈说："没错！我是你们学校的志愿者，每周都会去几次。"

大家进屋后，先围着餐桌坐下来，准备吃点儿东西。

艾莎的妈妈问："今天在学校表现得怎么样？"格瑞丝的爸爸也天天这样问。

让格瑞丝觉得意外的是，艾莎没有应付地

说声"不错"，就接着吃，而是把这一天在学校发生的事情都一五一十地讲给妈妈听。

她讲起午餐吃的难吃的汉堡；还说起詹金斯老师涂的新口红，班里的同学喜欢得要命；还说起了班里最近在流行看什么书。艾莎的妈妈笑起来，忽然又变得一脸严肃，问："你还没说今天的地理考试。考得怎么样？"

格瑞丝心想："哇，格瑞丝的妈妈真是无所不知啊！"

艾莎有家长参与学校活动这一要素，格瑞丝希望自己也有。

想一想，生活中，你的家长有没有积极参与学校活动？

如果回答是肯定的，那么你具备家长参与学校活动这一要素。请你继续读下去，学习如何巩固这种要素，把它发扬光大。

如果回答是否定的，也请你继续读下去，学习如何获得这种能力。

你也可以用这些方法来帮助他人获得这种能力，比如你的家人、朋友、邻居和学校里的同学。

你知道吗？ >>>

拥有家长参与学校活动这一要素的孩子

· 考试成绩都比较好

· 较少遇到学习问题

· 出勤率较高

◀ 如何获得这种要素 ▶

多说细节

当爸爸妈妈问你："在学校表现得怎么样？"不要敷衍地说："挺好，跟平常一样。"你要具体说出今天上学都发生了什么事，不要放过细枝末节，比如早上校长在广播里说的通知、语文教到了哪一课。你还可以带几份校报或校刊回家，给家长看，让他们了解你在学校的情况。

让家长和老师认识

很可能你跟老师相处的时间比跟父母的时间更长。很多老师会影响学生的一生。你的父

母应该去认识你的老师。而且，对老师来说，认识你的家长也很有意义，你在学校的状况，老师有更深的了解，当你上课总是走神、跟不上进度时，老师就可以和你的家长一起讨论怎样帮助你克服这些问题。

与老师保持联系的六种方法

请给家长看这页：

1. 每学期至少一次跟班主任面对面谈话。

2. 每个月至少一次给老师打电话或发短信，了解孩子的近况。

3. 偶尔请老师来家里吃饭。

4. 偶尔给老师写节日贺卡，感谢老师的辛勤工作。

5. 尽量不要缺席家长会。如果有事去不了，要和老师约好时间去他的办公室。

6. 碰上开学典礼、元旦晚会、春游等集体活动时，可以和老师简单聊几句。

请家长当志愿者

不少学校给家长提供了当志愿者的机会。如果你的学校没有这种机会，或是你父母平常忙于工作，不能去学校，还可以有另外的参与方式——加入教师家长协会，参加家长委员会，帮助学校完成一些项目等等。

提前计划

如果发了学期活动安排，你应当立即把它拿给父母。主动在家中的日历上标出重要的学校活动，这样才能提前做好准备。告诉父母，你很想参加学校的运动会、演出、音乐会，到时候，你需要他们开车接送你去训练、排练，需要他们帮助你准备运动服、演出服等。要注意的是，这些事你要提前告诉他们。

悄 悄 话

如果你的爸爸妈妈不能参加学校的活动，看看有没有其他人可以去。爷爷、奶奶、姥姥、姥爷、叔叔、哥哥、姐姐？甚至是邻居、父母的朋友？

及时拿出家长信

千万不要忘记把学校发的家长信交给家长。别忘了把它放进书包，一到家就拿给家长看。

向家长求助

做作业遇到一道难题？学习方法有问题？让家长帮你。多数父母都乐意帮孩子。他们可能不知道所有问题的正确答案，但是可以上网查询，或寻找其他资源，帮你解决问题。

小提示：

不要拖到最后一刻才开口，尤其是那种比较难懂的知识，可以先让父母提前了解一下你学的程度。

感谢家长志愿者

对来访或做志愿者的家长要有礼貌，要对他们微笑、招手、问好。与老师和其他成人一起筹划感谢家长志愿者的活动，比如颁奖活动或者制作感谢卡，卡片上有全班同学的签名，都是不错的选择。

在社区

邀请邻居

　　诚恳地邀请认识的邻居参加学校的活动。其实，很多学校人手不够，急需帮手。而且，你的邻居可能在某方面有特殊的才能，比如会弹钢琴、会打网球、会表演戏剧、善于组织工作等等。他们在学校里会发挥很大的作用。

和朋友在一起

认识朋友的父母

看见朋友的父母来学校，要打招呼。给他们讲讲你正在做的事情，或者带他们在校园内四处看一看。如果你和朋友不在同一所学校，你可以请他和他的父母来参加你们学校的活动，并且表示，你也愿意去参加你朋友学校的活动。

从上面读过的方法中选一种试一试，然后回想一下过程，或把过程写下来。为了让父母积极参与学校活动，你想不想再试试另一种方法？

志愿者妈妈（下）

格瑞丝开始吃第二块饼干，她仔细听艾莎和她妈妈之间的谈话。

只听见艾莎说："地理考得还行。有的题我没答上来，比如墨西哥的首都叫什么。可是，我觉得剩下的都答对了……"

艾莎的妈妈说："真棒！"然后她转向格瑞丝，问："你也参加考试了吗？"

格瑞丝嘴里塞满饼干，含糊不清地说："考了。"她没有料到艾莎的妈妈也会问起她。

艾莎的妈妈问："你喜欢地理课吗？"

格瑞丝咽下饼干，说："呃，不是很喜欢。"看到艾莎的妈妈关切的样子，格瑞丝于是决定多告诉她一些："我不大会看地图，也不太会

记地名，所以我的地理不太好。不过，我很喜欢练字，数学也不错。我觉得我上学的最大问题就是我不太会收拾东西。"

"没错！"艾莎插嘴说，"看看她的书包就知道了！"

艾莎的妈妈说："好啊，那就看一看吧！"

大家都把目光集中到格瑞丝的书包上。她

94

的书包拉链只拉上一半，皱巴巴的作业本都快掉出来了。最底下，是用纸团包裹的嚼过的口香糖、还有一些点心渣、一个铅笔头儿。

艾莎的妈妈笑着说："情况还真挺严重的！要是你愿意，我能帮你把书包收拾得更整齐。我已经在学校帮了不少学生了。我还会给你爸爸一些建议，让他监督你做家庭作业。你觉得他愿意吗？"

格瑞丝说："他肯定愿意。他总是问我在学校怎么样，我可能没跟他说太多。我有时不想给他添麻烦，有时担心他会对我失望。"

艾莎的妈妈伸手拍拍格瑞丝的手背，说："你爸爸似乎挺关心你的。我保证，你要是给他机会帮忙，他一定很乐意帮助你。"

格瑞丝保证，一回到家，就要把今天的事

情讲给爸爸——这一回要讲出细节——糟糕的午饭，好朋友艾莎的邀请，地理考试，她乱糟糟的书包，还有艾莎的志愿者妈妈……

写给大人的话

美国一家非营利组织"探索研究院"做了一项广泛深入的调查。调查结果表明，所有健康成长的孩子都具备所谓的"成长要素"。"成长要素"有以下几类：支持要素、环境赋予能力要素、边界与期望要素、合理利用时间要素、学习承诺要素、价值观要素、社会能力要素、积极的自我认识要素。

本书以及其他七本，构成《成长的要素》系列丛书，帮助少年儿童自觉在生活中学习、培养这些帮助他们顺利成长的要素。但是我们应当明白，培养这些要素需要我们大人的帮助和配合。在生活中，孩子最需要的是父母、家人、老师以及关心爱护他们的人。好好听孩子说话；

记住他们的名字；了解他们的生活；为孩子们提供发挥潜能的机会；在他们摔倒时伸出援手；提供保护，使他们免受伤害。这些都是孩子们需要的。

基于"探索研究院"的研究结果，本套书总结了孩子健康成长所需要的三十九种成长要素。这些要素分两大类，即外在的要素和内在的要素。外在要素指的是外界对孩子的认可和支持、环境如何赋予孩子积极行动的能力及规章制度等等。内在的要素是指价值观、自我认知、自我管理技巧等，这是孩子们内在的能力。这些能力的培养还要得到家长的帮助。

本书讲的六种要素是外在的要素，统称为支持要素。没有支持的孩子就像一株没有根的植物，在风雨飘摇中站不稳脚跟。没有支持，孩子会感到不安全、孤独、害怕；有了支持，孩子们会感到更强壮、更自信、更能干、社会能力更强。

拥有支持要素的孩子与众多的成人有着积极、良好的关系——无论在家中、学校、社区，还是别的地方。孩子信赖的身边的成年人，无论遇到什么都会向他们求助。反过来，我们成年人也要支持孩子，关注孩子的行动，倾听孩子的心声，理解孩子的需求，支持孩子的梦想，避免让他们感到疏离和失望。建立起支持要素，我们成年人就能给予孩子们安全感。

书后的附录中列出了这三十九种成长要素，并有简单的介绍。

感谢您这样的有心人，使本书能够到达孩子或与他们有关的成年人手中。我们期待着孩子们能更加顺利地成长。并且欢迎您提出建议，帮助修订本书，使它更丰富，更适于应用。

帕米拉·埃斯普兰德

伊丽莎白·弗迪克

促进八至十二岁儿童身心健康发展的三十九种要素（即成长的要素）

外在要素

支持要素

1. 家庭支持——在家中，家人支持你、爱你。

2. 积极的家庭交流——你能和父母轻松愉悦地交谈，会自然而然地征求他们的意见。

3. 其他成年人的支持——家长以外的成年人会帮助你、支持你。

4. 邻里关怀——你的邻居认识你、关心你。

5. 校园关爱——在学校，你与老师、同学相处融洽，常常彼此关心，彼此鼓励。

6. 家长参与学校活动——父母积极参与学校活动，帮助你取得好成绩。

环境赋予能力要素

7. 受到重视 —— 身边的大人愿意重视你，倾听你，赞赏你。

8. 参与决策 —— 无论是在家里还是在其他场合，你都能参与决策，发表意见。

9. 服务他人 —— 家庭、校园、社区为你提供帮助身边的人的机会。

10. 安全意识 —— 在家庭、校园、社区中，你有安全感，会注意个人安全，并求助大人维持这些地方的安全。

边界与期望要素

11. 家庭边界 —— 家里有明确且固定的规定，如果你违反了规定，就要承担一定的后果。

12. 学校边界 —— 学校有明确的规定，如果你违反规定就会受到相应的惩罚。

13. 邻里边界 —— 你的邻居会关照社区里的

孩子。

14. 成人榜样——你的父母和你认识的其他成年人做事积极、负责任，为你树立了很好的榜样。

15. 同龄人的积极影响——你的好朋友做事积极、负责任，对你产生了正面影响。

16. 高期望——父母和老师希望你在学校和其他活动中表现出自己最好的一面。

合理利用时间要素

17. 培养爱好——参加美术、音乐、戏剧或文学创作等活动。

18. 参加课外活动——参加校内或校外专为少年儿童组织的课外活动。

19. 安排家庭时间——每天留出一段时间与家人一起做一些有趣的事情，而不是独自看电视、玩电脑。

内在要素

学习承诺要素

20. 成就动机——希望在学校里取得好成绩，并为此努力学习。

21. 学习投入——不论在校内还是校外，你都乐于了解新的事物，主动学习。

22. 完成作业——能按时、独立完成作业。

23. 关心学校——关心学校的老师和其他成年人，和他们关系密切。

24. 喜欢阅读——喜欢看书，几乎每天都看，并从中获得乐趣。

价值观要素

25. 关心他人——经常关心、问候他人，主动为他人提供帮助。

26. 追求平等——提倡人人平等，不欺凌弱小。

27. 坚守信念 —— 拥有自己的准则并坚持到底。

28. 诚实守信 —— 说真话，不说谎，言行一致。

29. 有责任感 —— 对自己的行为负责，不找借口，不推卸责任。

30. 有健康意识 —— 讲卫生、爱整洁、经常锻炼身体，养成健康的生活习惯。

社会能力要素

31. 计划与决策的能力 —— 能认真思考做出选择，懂得事先制订计划，对自己的决定感到满意。

32. 人际交往能力 —— 喜欢交友，能关心他人和他们的感受；在烦恼和生气的时候，能让自己平静下来。

33. 认同多元文化的能力 —— 理解不同民族、不同文化背景的人，能与他们和谐相处。认同自己的文化，并为之自豪。

34. 拒绝的能力 —— 远离可能带来麻烦的人，拒绝做危险或错误的事。

35. 和平解决冲突的能力 —— 不使用尖刻的话语和武力，和平解决冲突。

积极的自我认识要素

36. 控制力 —— 有一定能力去控制生活中发生的事情。

37. 自尊心 —— 认可自己，尊重自己，为自己感到骄傲。

38. 价值感 —— 会思考生活的意义、生命的价值，为未来定下目标。

39. 正能量 —— 对自己的现在和未来充满希望。

成长的要素培养计划

　　读完本书，请认真想一想，你要怎样在生活中培养这些要素呢？写下你的计划吧！

《成长的要素》丛书简介

关心你的人

帮助孩子们建立起六种支持要素：家庭支持、积极的家庭交流、与其他成年人的支持、邻里关怀、校园关爱、家长参与学校活动。

积极行动　勿忘安全

帮助孩子们建立起四种环境赋予能力要素：受到重视、参与决策、服务他人、安全意识。

不跨边界　追求卓越

帮助孩子们建立起六种边界与期望要素：家庭边界、学校边界、邻里边界、成人榜样、同龄人的积极影响、高期望。

善用时间

帮助孩子们建立起三种合理利用时间要素：培养爱好、参加课外活动、安排家庭时间。

爱学习　会学习

帮助孩子们建立起五种学习承诺要素：成就动机、学习投入、完成作业、关心学校、喜欢阅读。

明辨是非

帮助孩子们建立起六种价值观要素：关心他人、追求平等、坚守信念、诚实守信、有责任感、有健康意识。

做对选择　交对朋友

帮助孩子们建立起五种社会能力要素：计划与决策的能力、人际交往能力、认同多元文化的能力、拒绝的能力、和平解决冲突的能力。

为自己而骄傲

帮助孩子们建立起四种积极的自我认识要素：控制力、自尊心、价值感、正能量。

图书在版编目（CIP）数据

关心你的人 /（美）帕米拉·埃斯普兰德，（美）伊丽莎白·弗迪克著；汪小英译 . — 石家庄 : 河北少年儿童出版社，2018.10
（成长的要素）
ISBN 978-7-5595-1746-3

Ⅰ . ①关… Ⅱ . ①帕… ②伊… ③汪… Ⅲ . ①品德教育－少儿读物
Ⅳ . ① D432.62

中国版本图书馆 CIP 数据核字（2018）第 209526 号

著作权合同登记号　冀图登字：03-2017-034

成长的要素
关心你的人
GUANXIN NI DE REN

[美]帕米拉·埃斯普兰德　　[美]伊丽莎白·弗迪克　著　汪小英　译

策　　划	段建军　李雪峰　赵玲玲	版权引进	梁　容
责任编辑	李　璇	特约编辑	梁　容
美术编辑	牛亚卓	装帧设计	杨　元

出　　版	河北出版传媒集团　河北少年儿童出版社
	（石家庄市中华南大街 172 号　邮政编码：050051）
发　　行	全国新华书店
印　　刷	北京启航东方印刷有限公司
开　　本	787mm×1092mm　1/32
印　　张	4
版　　次	2018 年 10 月第 1 版
印　　次	2018 年 10 月第 1 次印刷
书　　号	ISBN 978-7-5595-1746-3
定　　价	20.00 元

版权所有，侵权必究。
若发现缺页、错页、倒装等印刷质量问题，可直接向本社调换。
电话：010-87653015　传真：010-87653015